Marianne Brüssing

Spaß mit MANDALAS

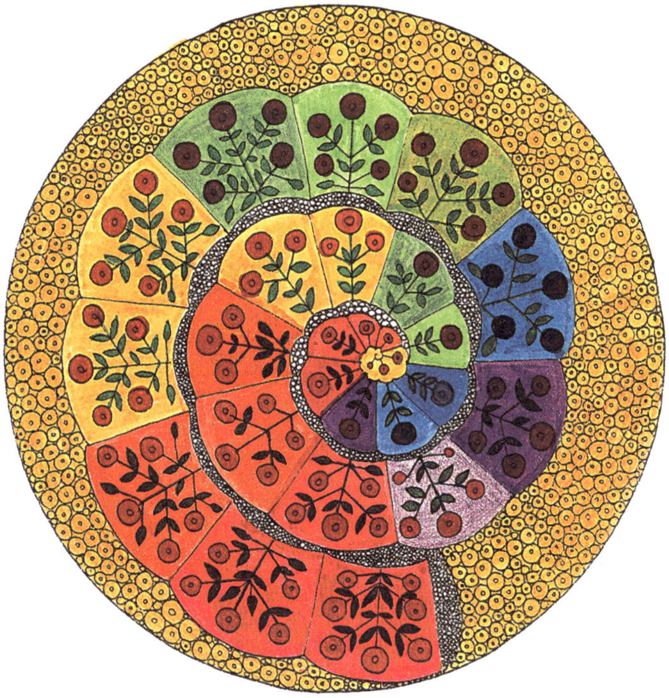

Marianne Brüssing

Spaß mit MANDALAS

Fensterbilder und Mobiles

Bastelanleitungen • Malvorlagen

Augustus Verlag

Inhalt

Seite 1:
Blumenschnecke (Vorlage Seite 32)
Beispiel für eine teilweise großflächige Übermalung.

Seite 2 und 3:
Unterwasserwelt (Vorlage Seite 44)
Welch ein Unterschied im Erscheinungsbild durch unterschiedliche Ausmalung und Ergänzungen.

Seite 4:
Struwwelpeter (Vorlage Seite 40)
Einfaches Mandala mit unterschiedlicher Ausmalung und Ergänzungen.

Seite 5:
Der hochnäsige Vogel (Vorlage A3)

Vorwort

Spaß mit Mandalas – das heißt Mandalas malen aus Lust am farbenfrohen Ausmalen, ohne sich groß Gedanken darüber zu machen, woher Mandalas stammen oder warum sie entworfen und ausgemalt werden.

Spaß mit Mandalas – das heißt auch aus einer Fülle von ganz unterschiedlichen Motiven nach Stimmung, Lust und Laune einen Favoriten auszuwählen, auszumalen und gespannt zu sein, was daraus wird, ohne sich irgendwelchen Zwängen zu unterwerfen.

Spaß mit Mandalas – das kann aber auch heißen, sich an den herrlichen Farbvorgaben zu orientieren und sich vielleicht noch schönere Farbzusammenstellungen auszudenken.

Spaß mit Mandalas – das ist durch dieses Buch auch der Weg, gemalte Mandalas nicht irgendwo verschwinden zu lassen, sondern sie für sich und andere repräsentativ zu zeigen. Versuchen Sie es mit einem lustig schwingenden Mobile oder durchscheinenden Fensterbild, dessen Farben sich durch wechselnden Lichteinfall verändern.

Spaß mit Mandalas – das heißt auch Mandalas verschenken. Weihnachten, Ostern, Geburtstage – es gibt viele Möglichkeiten anderen damit eine Freude zu machen. Schreiben Sie eine Widmung, einen Gruß oder Glückwünsche auf den Tonkartonrahmen oder setzen Sie ins Zentrum eines Mandalas Jahreszahlen und Initialen.

Daß Sie viel Freude, Spaß und Entspannung mit diesem Buch finden wünscht Ihnen

Marianne Brüssing

Vom Wesen der Mandalas

Das Wort »Mandala« stammt zwar aus dem indischen Sprachraum, Mandalas sind jedoch in fast allen Kulturen der Menschheit zuhause. Ein Mandala ist eine Form, ein Symbol mit einem Zentrum, einer in sich ruhenden Mitte, von der aber Bewegung ausgeht und zu der auch wiederum jede Bewegung hinstreben soll, um Ruhe und Ausgeglichenheit zu bewirken.

Rohrkolben und kleine Enten, in den gedeckten Farben der Natur ausgemalt (Vorlage im Anhang A4).

Eigentliches Ziel eines Mandalas ist deshalb die Konzentration auf diese Mitte, wozu es der Sammlung und Besinnung bedarf.

Pflanzliches Motiv, bei dem die Ranken spiralförmig zur Mitte führen (Vorlage Seite 42).

Ideen für eigene Entwürfe

Jede Kultur hat selbstverständlich die ihr eigenen Formen und Motive in den Mandalas verarbeitet. Die Quellen dafür sind unerschöpflich. Falls Sie eigene Formen entwerfen wollen, können Sie auf alle möglichen Vorbilder aus der Natur, der Architektur und Kunst zurückgreifen. Sie können Anleihen bei Blüten und Pflanzen machen und erhalten faszinierende Formen, wenn Sie Horizontalschnitte durch Blütenstengel oder Samenkapseln legen. Kristalline Formen, die sich in Mineralien bilden, sind genauso faszinierend wie die unzähligen Varianten von Schneekristallen. Haben Sie ein Kaleidoskop zu Hause? Nehmen Sie es zur Hand, drehen Sie es, und Sie werden immer neue Möglichkeiten entdecken, Mandalas zu entwerfen.

Bunt wie der Blick durch ein Kaleidoskop (Vorlage Seite 33).

Vorbilder können auch die Grundrisse antiker und moderner Gebäude in runder oder mehreckiger Form sein, wenn Ihnen bestimmte Symmetrien eigen sind. Am einfachsten ist das Übernehmen und Abwandeln von Formen mittelalterlicher Kirchenfenster, von griechischen oder arabischen Ornamenten, vor allem auf Kacheln, die häufig alle Voraussetzungen für ein Mandala aufweisen.

Faszinierend wirken auch Elemente der Gegenwart – hier ein modernes Bauwerk, kombiniert mit einem Hochspannungsmast (Vorlage Seite 43).

Malfarben und ihre Wirkung

Spaß mit Mandalas heißt zwar nach Lust und Laune malen, aber vielleicht ist es doch ganz sinnvoll, sich die Bedeutung und Wirkung von Farben noch einmal in Erinnerung zu rufen.

So ist bekannt, daß helle Farben froh stimmen, Blautöne und Naturfarben beruhigen, während Rot, Orange, Gelb anregen, aufregen oder aktivieren. Ähnliche Feststellungen hat schon Goethe in seiner »Farbenlehre« gemacht.

So bunt, wie es nur geht: ein asymmetrisches Mandala, das aus vielen Formen und Farben zur Mitte führt (Vorlage Seite 34).

Kinder lieben die Grundfarben Blau, Gelb, Rot und helle Farbenmischungen, denn bunt wirkt für sie immer lustig. Man denke nur an Kinderfeste und Kinderfasching.

Gedeckten Farbtönen sagt man beruhigende Wirkung nach, Grautöne jedoch stimmen eher trist und traurig.

Ton-in-Ton-Kombinationen strahlen eine gewisse Vornehmheit aus, und nur mit wenigen Farben zu arbeiten, dürfte allemal geschmackvoller sein als in einem Farbenwirrwarr unterzugehen.

Eine bunte Farbkombination, wie sie Kinder lieben. Das zentrale Motiv bildet hier die Weihnachtskrippe (Vorlage Seite A1).

Lassen Sie sich von diesen Vorgaben aber nicht zu sehr beeindrucken, sondern arbeiten Sie getreu dem Titel dieses Buches »Spaß mit Mandalas« und wählen Sie Ihre Farben frei von der Leber weg. Sie werden bald selbst merken, wenn etwas in Ihren Bildern nicht stimmig ist.

Eine edle Ton-in-Ton-Kombination (Vorlage Seite 37). Andere Farbkombinationen für dieses Motiv finden sich im Pendelobjekt Seite 20.

Malmittel

Als Malmittel für Mandalas können Sie fast alles benutzen, womit man Malen kann. Für das Ausmalen der Vorlagen dieses Buches, die teilweise doch etwas filigran sind, empfehlen sich Farbstifte, die feines Arbeiten zulassen. Sie können in einem Bild natürlich unterschiedliche Malmittel einsetzen, je nachdem ob Sie kleinere oder größere Flächen auszumalen haben.

Die Bilder dieses Buches wurden ausgemalt mit

- STABILO point 88. Das ist ein Tintenfeinschreiber, den es in 20 Farbvarianten gibt.

Ein Ausmalen größerer Flächen ist mit diesem Stift kaum möglich.

Wesentlich besser eignet sich dafür

- STABILO Boss oder ein Edding 800. Das sind Marker mit breiten Spitzen, mit denen sich größere Flächen relativ einheitlich kolorieren lassen.

Eine ähnliche Malwirkung erzielen Sie mit

- Colorella Duo von Pelikan. Das ist ein Filzstift, der an der einen Seite eine breite, an der anderen Seite eine schmale Spitze hat und sehr vielseitig einsetzbar ist. Er ist in zahlreichen Farbvarianten erhältlich.

Eine ganz andere Wirkung erzielen Sie mit Aquarellstiften, wie z. B.

- Albrecht Dürer von Faber Castell.

Dieser Buntstift, in 100 Farbvarianten, stellt eine Besonderheit dar, da er naß übermalt werden kann, so daß der Eindruck eines Aquarells entsteht.

Wie gesagt, Sie können selbstverständlich mit jeder anderen Farbe malen, Sie sollten aber, bevor Sie mit dem Ausmalen eines Mandalas beginnen, kleine Malproben auf dem von Ihnen ausgewählten Papier vornehmen. Das gilt besonders für die Malerei auf Transparentpapier, auf die später noch hingewiesen wird (siehe Seite 15).

Links:
Ausmalung mit dem trockenen Aquarellstift Albrecht Dürer von Faber Castell (Vorlage Seite 30).

Rechts:
Das gleiche Motiv nach Übermalung mit dem nassen Pinsel.

Ausmaltechnik

Kinder malen noch nicht so sauber wie Erwachsene. Jedoch: Der Spaß beim Ausmalen ist die Hauptsache. Diese Vorlage von Seite 29 malte die 5jährige Janine aus.

Zum Ausmalen ist nicht sehr viel zu sagen. Setzen Sie beim flächigen Malen Strich für Strich rasch und dicht nebeneinander, da vor allem bei Filzstiften und Markern die austretende Farbe sehr leicht Ränder bilden kann. Scheuen Sie sich nicht, mehrere Farbschichten übereinander zu legen, da Sie dadurch eine größere Farbintensität erzielen.

Versuchen Sie auch Farben miteinander zu vermischen. Das ist bei bestimmten Malfarben durchaus möglich und kann zu ganz neuen Effekten führen.

Zeichnen und malen Sie immer ohne Hilfsmittel, wie z.B. Lineale. Kinder werden sowieso über die eine oder ander Umrißlinie hinausmalen oder Flächen nicht ganz sauber ausfüllen. Das tut dem Spaß aber keinen Abbruch. Ein solches Mandala wirkt sogar lebendiger und überhaupt nicht häßlich, wie das Bild der fünfjährigen Janine zeigt. Die Mandalas der urzeitlichen Völker waren auch nicht so exakt ausgemalt.

Eine besondere Form des Ausmalens ist das bewußte Arbeiten mit Strichen, Punkten, Spiralen u.ä. Hier werden Flächen ausgemalt oder durch parallele Linien, durch kleine Karos, Rauten usw. erst erzeugt. Einerseits ist dies eine Form des Ausmalens, gleichzeitig kann aber auch ein neues Bild aus dieser Abwandlung entwickelt werden. Wenn Sie ein Bild auf diese Weise abwandeln wollen, machen Sie sich zuerst eine Vorzeichnung mit einem weichen Bleistift (etwa Härte 2B), malen das Bild anschließend mit Farbe aus und ziehen dann erst mit einem Tuschestift die Konturen nach. So haben Sie die Sicherheit, daß die Farbe beim Auftragen die Konturen nicht verwischt oder sich auflöst. Wenn Sie ein wenig Mut haben, können Sie auch ohne Vorzeichnung ein Mandala mit Grundmustern ausfüllen. Wie vielfältig dabei die Abwandlungsmöglichkeiten sind, zeigen Ihnen die Abbildungen auf Seite 12 und 13.

Es ist aber auch durchaus möglich, größere Flächen später noch mit Details zu übermalen, wenn einem der Sinn danach steht.

Durch zusätzliche Striche und kleine Spiralen, flächige Ausmalung und Weißlassen unterscheidet sich das Erscheinungsbild der blau-weiß-roten wesentlich von der rot-grün-orangen Fassung (Vorlage Seite 28).

Auch hier frappierende Unterschiede bei ursprünglich gleicher Vorlage (Seite 36). Oben das vor allem flächige Ausmalen einer Grundform, die an den Querschnitt eines Pflanzenstengels erinnert.

Rechts detaillierte Zusätze und filigranes Ausmalen. Plötzlich sind vier unterschiedliche Bäume aus einer gemeinsamen Wurzelmitte entstanden.

So unterschiedliche Wirkungen können in ein und demselben Mandala durch verschiedenartiges Ausmalen erzielt werden.

Malgründe

Als Malgründe für die Mandalas dieses Buches wurden sowohl rein weiße Papiere als auch Transparentpapier verwendet.

Im Grunde genommen können Sie zum Kopieren Ihrer Malvorlagen jedes rein weiße Papier benutzen. Je nach Nutzung ist es aber vorteilhaft, etwas dickere Papiere zu nehmen bis hin zu reinweißem Karton. Dickeres Papier oder Karton ist deshalb besser, weil feuchte Farben darauf nicht auslaufen und keine unscharfen Ränder entstehen. Normalerweise kommen Sie aber auch mit billigem Kopierpapier zurecht, wenn es die von Ihnen ausgewählte Malfarben aufnimmt und scharfe Ränder bildet.

Die weißen Papiere wählen Sie, wenn Sie Ihre Mandalas einfach als Bilder benutzen wollen oder sie zu Mobiles verarbeiten.

Ein besonderes Papier für Mandalas ist das durchscheinende Transparentpapier. Einfache Qualitäten erhalten Sie im Hobby- und Bastelhandel, in Papiergeschäften, manchmal sogar in Kaufhäusern. Es handelt sich hier um eine Sorte mit einem Papiergewicht von 80 g/m^2. Das ist ein Wert, der auf den Deckblättern angegeben ist. Transparentpapiere dieser Art werden in Blöcken im Format DIN A4 und DIN A3 verkauft, jeweils mit 25 bzw. 50 Blatt. Im Hobby- und Bastelhandel können Sie manchmal auch DIN A3-Blätter einzeln kaufen. Preiswerter ist es allemal, ganze Blöcke zu kaufen, die auch handlicher sind.

Auf Transparentpapier dieser Gewichtsklasse (das Papier ist relativ dünn) können Sie Ihre Schwarzweißvorlagen ohne weiteres kopieren. Falls Sie aber ein ausgemaltes Mandala farbig kopieren wollen, haben Sie mit Papier dieser Stärke kaum Glück, da es in Farbkopierern fast immer zu einem Papierstau führt. Keinen Ärger haben Sie dagegen mit dickeren Transparentpapieren, die als Architekten-Entwurfspapier (als einzelne großformatige Bögen oder in Blöcken im Format DIN A4) recht preiswert in Papier-, Büro- und Schreibwarenhandlungen angeboten werden. Gute Erfahrungen wurden mit dem Entwurfspapier Diamant Spezial, 110/115 g der Firma Schleicher und Schuell gemacht.

Wenn Sie Ihre Mandalas auf Transparentpapier ausmalen (Muster sind am Ende dieses Buches beigeheftet), dann müssen Sie, um eine exzellente Leuchtkraft zu erhalten, die Vorder- und die Rückseite bemalen. Einseitig bemalt geht die Brillanz der Farben verloren. Es genügt aber nicht, nur die Farben von beiden Seiten aufzutragen, sondern auch die Konturen müssen von der Gegenseite noch einmal nachgezogen werden. Diese Arbeit lohnt sich aber, wenn Sie Freude an Ihrem Fensterbild-Mandala haben wollen.

ACHTUNG! Wenn Sie mit Markern und Filzstiften auf Transparentpapier arbeiten, müssen Sie ganz besonders darauf achten, daß Sie die Farben nicht verwischen. Transparentpapier saugt die Farben nicht auf und braucht etwas länger bis zum verwischfreien Auftrocknen. Deshalb eine Seite erst gänzlich trocknen werden lassen, ehe Sie die Gegenseite bemalen.

Über das Kopieren

Im vorigen Abschnitt wurde schon angedeutet, daß es am sinnvollsten ist, die Vorlagen aus dem Buch mit Hilfe eines Kopierers auf weißes Papier oder Transparentpapier zu übertragen. Es gibt bei Transparentpapier aber auch die Möglichkeit, die Formen einfach durchzupausen.

Dabei wird das Transparentpapier auf der Vorlage mit Tesafilm festgeklebt oder mit Heftklammern festgetackert. Dann zeichnen Sie die durchscheinenden Linien einfach nach. Ratsam ist das allerdings nur bei den einfachen, gröberen Formen.

Das reine Kopieren der Schwarzweißumrisse bzw. der Vorlagen ist unproblematisch, jedoch sollte man beim Kopieren bereits fertig ausgemalter Mandalas berücksichtigen, auf welches Papier kopiert wird. Im vorigen Abschnitt (siehe Seite 15) wurde bereits darauf hingewiesen.

Die schönsten Mandalas farbig zu kopieren hat den Vorteil, daß man auf diese Art und Weise sehr schnell schöne Geschenke für Freunde und Verwandte herstellen kann.

So lassen sich z.B. auf Papier kopierte Mandalas sehr gut zu Gruß- und Glückwunschkarten umarbeiten (dazu eignet sich dann natürlich als Kopierpapier besonders kartonähnliches Papier ab 150g/m² Gewicht). Auch Mobiles können auf diese Weise sehr schnell hergestellt werden, da Sie bei Mobiles unter Umständen Vorder- und Rückseite einer Scheibe mit dem gleichen Motiv bekleben wollen und sich so eine Ausmalung sparen.

Fertig ausgemalte Mandalas können Sie für Fensterbilder auf Transparentpapier kopieren. Der besseren Brillanz wegen müssen Sie dann noch die Gegenseite ausmalen. Allerdings ist dieser Spaß nicht ganz billig, da Sie in der Regel DM 2,50 bis DM 3,– für eine Farbkopie bezahlen müssen. Sie müssen letztlich selbst entscheiden, ob und wann Sie sich diese Variante leisten wollen.

Bei Farbkopien von Mandalas auf weißes Papier erhöht sich oftmals die Leuchtkraft gegenüber dem Original, während bei der Kopie auf Transparentpapier die Brillanz eben nur dann wieder erreicht wird, wenn die Gegenseite der Kopie noch einmal ausgemalt wird.

Das schönste Beispiel, wie mit kopierten Mandalas »getrickst« werden kann. Für dieses Mobile und Fensterbild (Vorlage Seite 31) wurden keine originalbemalten Mandalas benutzt, sondern nur deren Farbkopien. Der Spaß kostete allerdings rund DM 43,–. Es wurden farbverwandte Mandalas verschiedener Motive (Vorlagen oberer Teil S. 45, 40, 43, 36; unterer Teil S. 28, 41, 36) in unterschiedliche Größen kopiert und beidseitig auf schwarze Scheiben geklebt. Ist Ihnen aufgefallen, daß die Vorlage Seite 36 zweimal dabei ist? Durch unterschiedliche Ausmalung bzw. malerische Ergänzung hat sich ein völlig anderes Bild ergeben.

Das Fensterbild, kopiert auf Transparentpapier mit handgemalter Rückseite, wurde zwischen den Strahlenkranz aus gelbem Wellkarton geklebt.

Links: »Weißt du wieviel Sternlein stehen« (Vorlage Seite 45).

Mandalas als Mobiles

Die einheitliche Grundform der Mandalas, die mit Hilfe der modernen Kopiertechnik auch noch in ihren Größen variabel sind, bietet sich geradezu für weitere Nutzungen an. Eine dieser optisch überzeugenden Nutzungsformen ist das Zusammenbauen zu Mobiles.

Hier gibt es unterschiedliche Möglichkeiten der Umsetzung. Voraussetzung ist, daß die Mandalas ähnliche Durchmesser haben und daß sie farblich oder motivmäßig harmonieren. Innerhalb dieser Vorgaben gibt es Varianten genug.

Für die Nutzung als Mobiles werden die Mandalas beidseitig auf eine Tonkarton-Scheibe geklebt. Hier empfiehlt sich am ehesten Schwarz, da es die Farbenvielfalt in den Mandalas am besten zur Geltung bringt. Es ist aber durchaus auch möglich, andere Farben zu nehmen, vor allem dann, wenn es Mandalas aus einem möglichst eng zusammenliegenden Farben- oder Themenkreis sind. Ein gutes Beispiel ist das »Sonne, Mond und Sterne«-Mobile.

Grundsätzlich gibt es für ein Mobile mit Mandalas mehrere Gestaltungsvarianten. Sie können
- die Durchmesser der Scheiben variieren,
- nur ein Motiv wählen, das aber farblich variiert wird, oder
- den Scheiben, ähnlich wie bei den Fensterbildern (siehe Seite 21), bestimmte Randformen geben. Hierbei muß man allerdings eher behutsam vorgehen, da die Mobiles sonst sehr unruhig wirken können. Vorlagen für solche Rahmen finden Sie ab Seite 61. Es ist jeweils nur eine Hälfte des Rahmens abgebildet, die andere muß spiegelbildlich ergänzt werden.

Das Herstellen der Scheiben bereitet keinerlei Schwierigkeiten. Sie können die Kreisform mit Hilfe eines Zirkels oder passender Formen (Teller, Töpfe o.ä.) herstellen. Der sichtbare Rand der Scheiben darf aber normalerweise nicht zu breit werden, da sonst die Mandalas »erschlagen« werden.

Pendelobjekt »Sonne, Mond und Sterne«. Aus den Vorlagen, von links nach rechts: Seite A2, 37, 33, 25, 60, A6.
Hier wurde ein einheitliches Farbenspektrum im Gelb-Braun-Bereich gewählt. Die Mandalas stehen fantasievoll auf verschiedenen Sternformen und auf einem fröhlich dreinblickenden Halbmond. Für die Sonne wurde der breit überstehende Rand der Scheibe eingeschnitten, die Strahlen sind gegenläufig aufgebogen.

Die Aufhängung ist denkbar einfach. Zwischen zwei Sechsecksterne aus Pappe werden Mobilestäbe geklebt, die jeweils über die Spitze des Sterns hinausragen. Eine Dreipunktaufhängung hält die Konstruktion waagerecht. Bei unterschiedlichen Gewichten der Mandalas müssen die Aufhängungen zusätzlich an den Stäben austariert werden.

Aufhängetechnik für Mobiles

Mobiles lassen sich auf vielfältige Weise in Bewegung bringen.
Zur klassischen Form von Mobiles werden Tragestäbe benötigt. Handelsüblich gibt es diese Mobilestäbe in Holz und aus dünnem Draht. Sie sind überall in Hobby- und Bastelhandlungen erhältlich. Natürlich können Sie sich auch mit Schaschlikspießen oder anderen Rundholzstäben behelfen, wie sie z.B. bei kleinen Fähnchen üblich sind. Bei den handelsüblichen Mobilestäben aus Holz werden die Enden mit Holzoliven abgeschlossen. Diese liegen den Pakkungen bei. Auf die Enden der Metallstäbe können Sie kleine Wattekugeln stecken.

Das Austarieren dieses klassischen Mobiles beginnen Sie mit dem Teil, der zuunterst hängen wird.

Lochen Sie die Scheibe mit einem Bürolocher. Diese Öffnung ist zwar relativ groß, letztendlich aber doch am dekorativsten und reißt weniger schnell aus als die mit einer Nadel gebohrte. Befestigen Sie dort den Faden in der Farbe Ihrer Wahl (zu einer schwarzen Pappe paßt vielleicht auch schwarzer Faden am besten), und binden Sie diesen dann an die Enden der Mobilestäbe. Fixieren Sie die Fäden bei gekauften Mobilestäben entweder mit Holzoliven oder mit

Nur ein Motiv (Vorlage Seite 37) in unterschiedlichen Größen und Ausmalungen. Die Scheiben wurden als Drehfiguren unter ein Bambusgeflecht gehängt. Ein Pendelobjekt, das durch die grazilen Mandalas und seine luftige Konstruktion besticht.

einem Tropfen Klebstoff, wenn Sie Metallstäbe verwenden.

Binden Sie den sogenannten Pendelfaden in die Mitte des Mobilestabes und tarieren Sie den Stab aus. Der Stab soll im Normalfall waagerecht pendeln. Es kann aber, vor allem bei kleineren Mandalas, durchaus auch reizvoll sein, den Pendelfaden so anzubringen, daß er etwas schräg zum Betrachter hängt.

Wie vielgestaltig Sie dieses klassische Mobile aufbauen, bleibt Ihnen überlassen. Man kann mit drei bis fünf Pendelobjekten beginnen, aber auch wesentlich mehr davon zu einem komplizierteren Gebilde zusammenbauen. Bevor Sie mit dem Befestigen der Mandala-Scheiben an den Mobilestäben beginnen, legen Sie sich die geplante Form des Mobiles zurecht. So haben Sie einen Überblick über die Gewichtung großer und kleiner Mandala-Scheiben.

Es gibt aber noch einige andere Möglichkeiten, die Mandala-Scheiben aufzuhängen. Sie können mehrere Mandala-Scheiben als einfaches Pendelobjekt entwickeln, indem Sie drei bis fünf Mandalas untereinander hängen: oben die kleineren, nach unten größer werdend. Auch die »Kronleuchter-Form« ist denkbar, bei der die Mandalas z.B. an einem waagerechten Gitter einfach herabhängen. Oder Sie schmücken einen schönen Zweig damit oder verwenden die Scheiben als Weihnachtsschmuck.

Mandalas als Fensterbilder

Eine besondere Wirkung erzielen Sie mit Mandalas, die als Fensterbilder gestaltet werden. Das geschieht am einfachsten durch Ausmalen der acht bereits bedruckten Transparentpapiere am Ende des Buches. Im Kapitel »Malgründe« wurde bereits näheres gesagt über die erforderliche Qualität dieser durchscheinenden Papiere, die für Fensterbilder bzw. zum Kopieren geeignet sind (siehe Seite 15ff).

Wenn Sie die Farben des Fensterbildes besonders leuchtend haben wollen, müssen Sie beide Seiten des Transparentpapiers bemalen. Die Mühe lohnt sich. Um das Verschmieren feuchter Farben zu

Für dieses Fensterbild wurde ein aufwendiger Rahmen aus einem Stück geschnitten und bemalt. Das Blattmotiv ist durch das Mandala angeregt (Vorlage Seite 38).

verhindern, müssen Sie die Farben auf einer Seite des ausgemalten Transparentpapiers ganz trocknen lassen, ehe Sie weitermalen.

Schneiden Sie anschließend das Mandala aus, aber nicht direkt an der äußeren Kontur, sondern geben Sie möglichst einen Rand von 1 cm zu. Den brauchen Sie, um das Mandala zwischen einen festen Rahmen aus Ton- oder Wellkarton zu kleben.

Ein Rahmen dieser Art wird immer doppelt angefertigt, (Vorlagen dazu finden Sie ab Seite 61. Es ist jeweils nur eine Hälfte des Rahmens vorgegeben, die andere Hälfte muß spiegelbildlich ergänzt werden.) damit das Fensterbild von beiden Seiten ansprechend

Hier blieb der Rahmen außen glatt, die innere Kante wurde in Wellenform ausgeschnitten. Farblich passende Perlen sind als weitere Dekorationselemente aufgeklebt. Eine besondere Wirkung entsteht, weil zwischen Mandala und Rahmen recht viel Weiß des Transparentpapiers »leuchtet«. (Vorlage im Anhang A6).

Blumenmandala mit einfachem Ringrand. Die kleinen Vierecke und die Blattform sind einzeln ausgeschnitten und aufgeklebt (Vorlage Seite 35).

wirkt. Zur abwechslungsreichen Gestaltung können Sie das Formenspiel aus den Mandalas aufgreifen, wie die farbigen Beispiele zeigen. Besonders treffend: die spitzen Stacheln des Igels (siehe unten). Sie können aber auch nur einen einfachen Ring schneiden und als Verzierung kleine Tonkartonteile aufkleben.

Oder Sie schneiden die Form sofort aus dem Rahmen aus, wobei auch hier wieder Spielmöglichkeiten offen sind: zum Beispiel eine Seite glatt schneiden, die andere einkerben, als Blatt formen oder gar kleine Perlen in einer passenden Farbe aufkleben... Anders als bei den Mobiles, können Sie die Rahmen hier auch wesentlich breiter anlegen.

Ethno-Mandala, bei dem die kantigen Elemente des Motivs in den quadratischen Rahmen übernommen wurden. Die kleinen grünen Quadrate und Dreiecke sind aufgeklebt (Vorlage im Anhang A5).

Bringen Sie den Rahmen an der Scheibe am besten mit einer doppelseitig klebenden Folie an.

Der Igel hat Stacheln (Vorlage Seite 41). Was liegt näher, als die Stacheln in den Rahmen des Fensterbildes (hier auf weißem Papier, also nicht durchscheinend) mit einzubeziehen?

Spezialform: Mandalas aus Tortenspitze oder Kaffeedeckchen

Kaum zu glauben, aber viele Kaffedeckchen aus Papier oder Tortenspitzen haben die Grundform eines Mandalas. Gerade die kleineren Exemplare, die vielfältig strukturiert und durchbrochen sind, mit einem Durchmesser bis zu 15/17 cm, eignen sich wunderbar zum Bemalen. Es entsteht ein filigranes Mandala, das sich, doppelseitig bemalt, als Fensterbild sehr gut eignet.

Die Stabilität zum Aufhängen läßt sich durch Aufkleben der Tortenspitze auf eine etwas dickere Klarsichtfolie noch steigern.

Machen Sie einen Versuch, Sie werden sich wundern, wie aus einem langweiligen weißen Papiergebilde ein farbenfrohes Mandala entstehen kann.

Einfarbige Mandalavorlagen

Indische Blüte

Stern im Kreis

Zackenschnecke

Das Rundgitter

Kristallin

Erinnerung an die Ritterzeit

Rautenblüte

Blumenschnecke

Silberdistel

Urwurzel

Schneekristalle

Heckenrosen

Kindstaufe

Struwwelpeter mit Luftballon

Wettlauf der Igel

Efeu

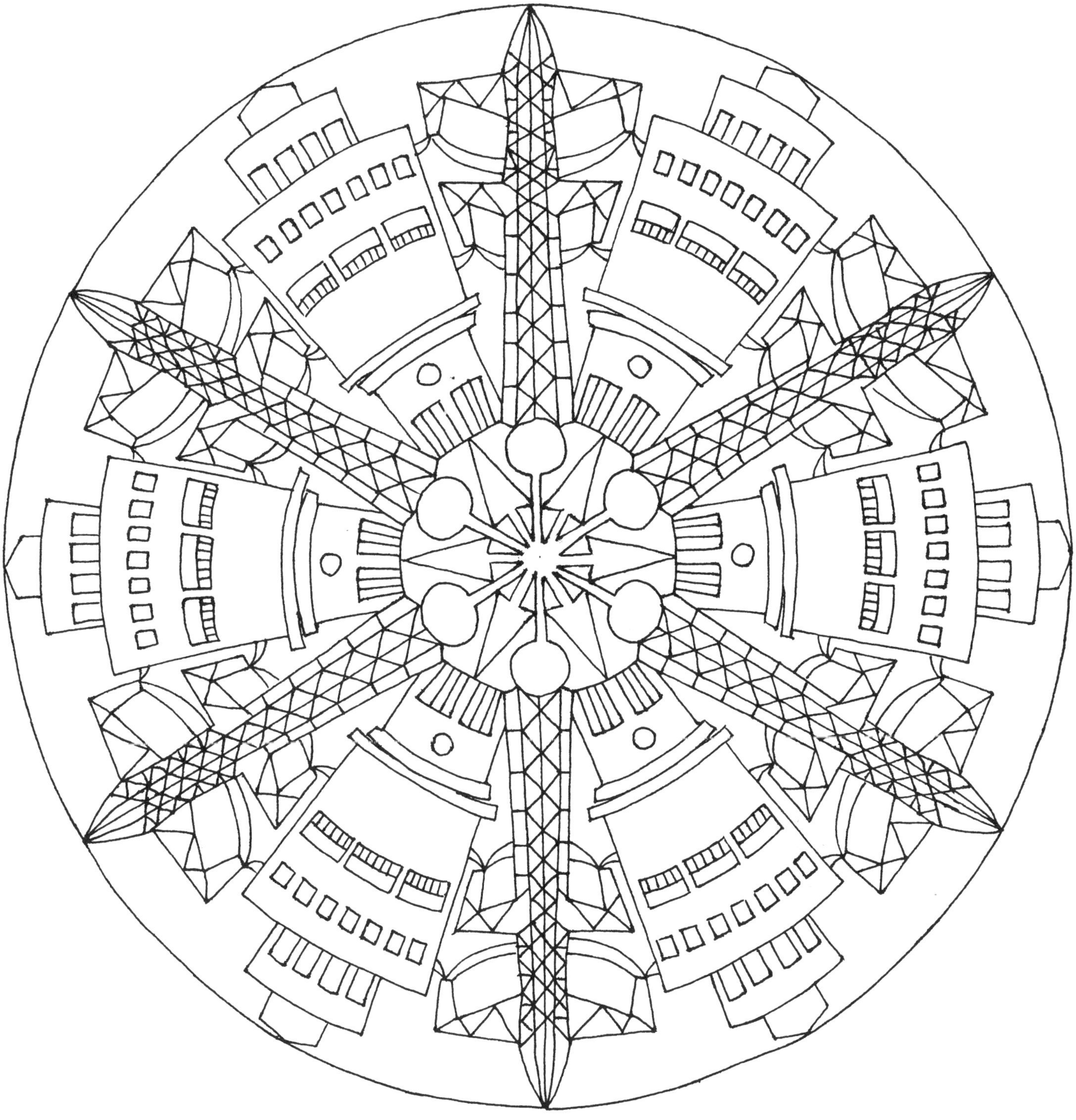

Starkstrom

Unterwasserwelt

»Weißt du wieviel Sternlein stehen«

Schildkröte

Guten Appetit!

Schilderwald

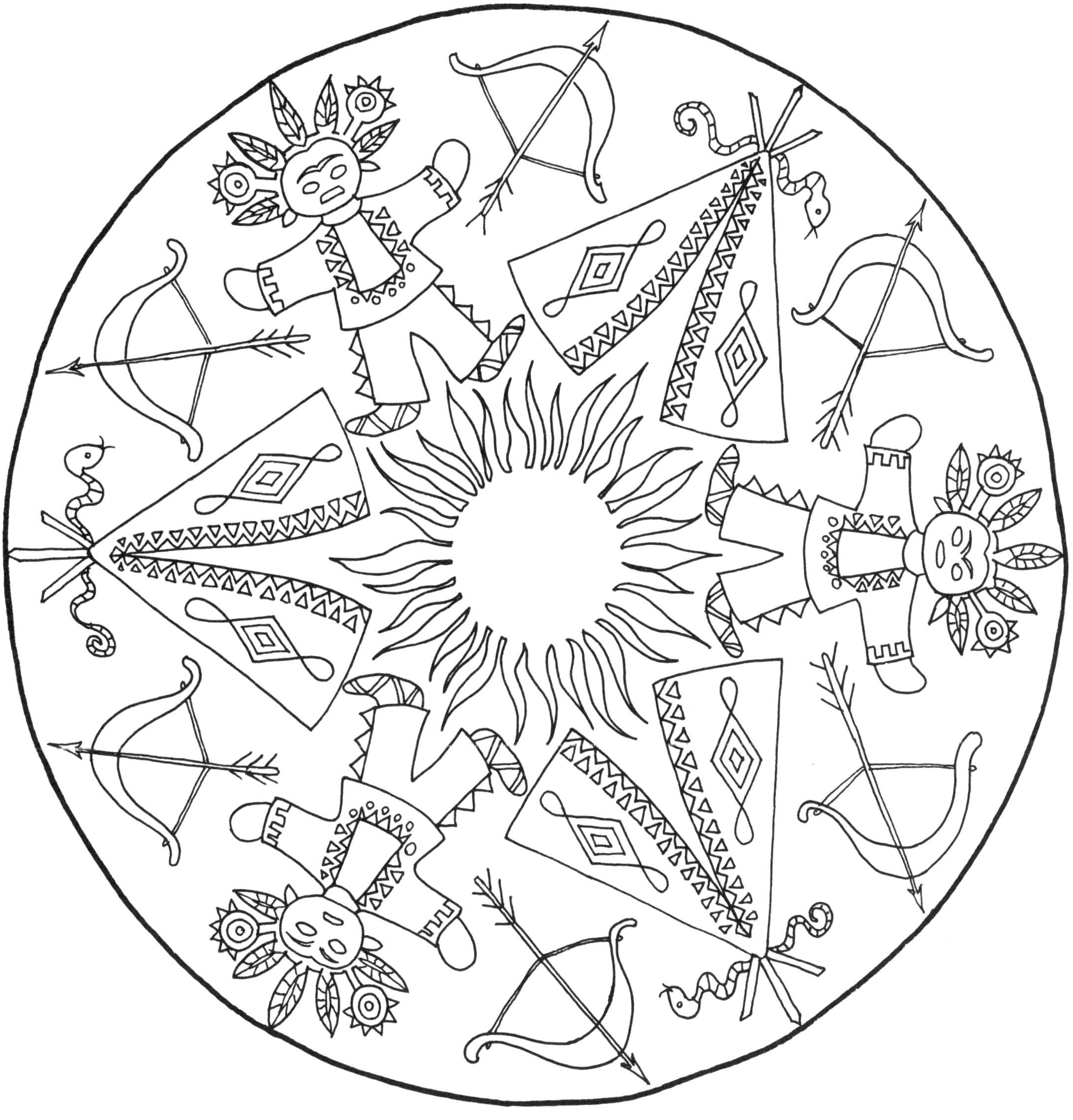

Indianertreffen

Hasenduett

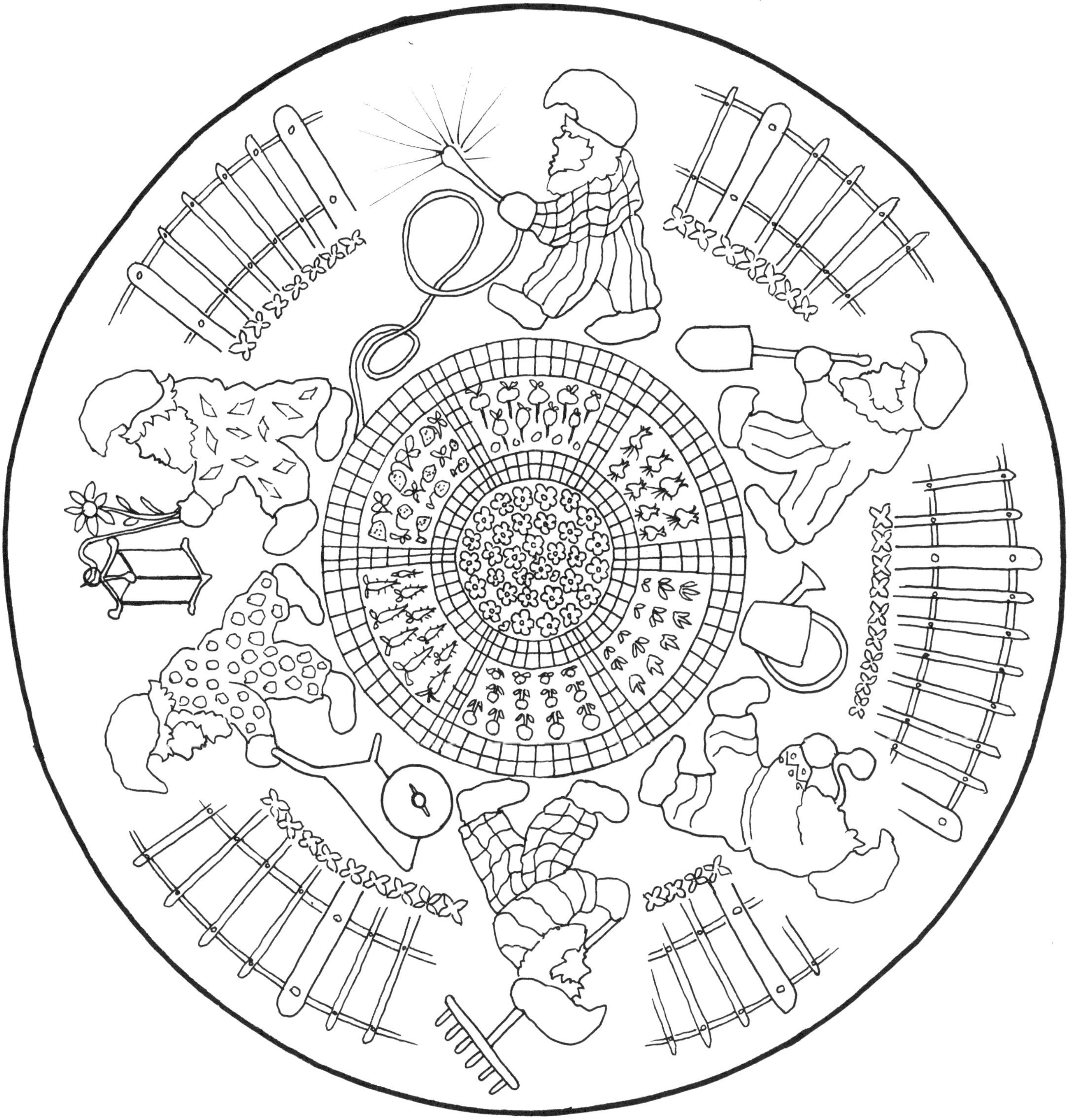

Die fleißigen Gartenzwerge

Waschtag

Fliegenpilz und Marienkäfer

»Mit Blümlein besteckt...«

It's raining again

»Eine Seefahrt, die ist lustig...«

Kostümball

Nußknackerparade

»O Tannenbaum«

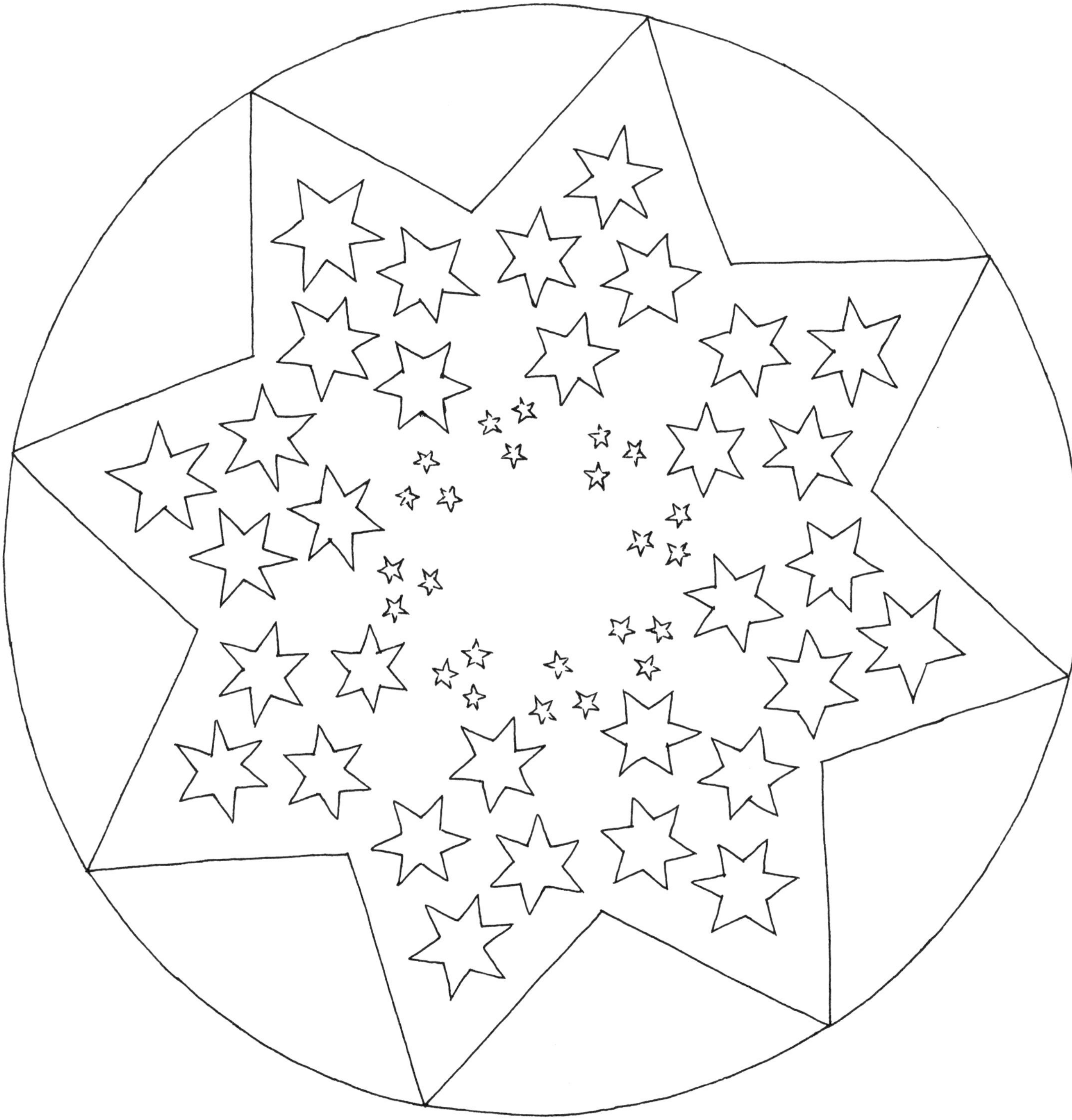

Sterne, nichts als Sterne

Rahmen für Fensterbilder

(jeweils nur zur Hälfte abgebildet)

Die Deutsche Bibliothek –
CIP-Einheitsaufnahme
Spaß mit Mandalas – Fensterbilder und Mobiles : Bastelanleitungen, Malvorlagen / Marianne Brüssing.
– Augsburg : Augustus Verl., 1998
ISBN 3-8043-0199-1

Fotografie: Klaus Lipa, Augsburg

Illustrationen: Marianne Brüssing

Lektorat: Manfred Braun, Augsburg

Umschlaggestaltung: Abraxas Werbegrafik, Karina Stieler, Augsburg

Layout: Anton Walter, Gundelfingen

AUGUSTUS VERLAG AUGSBURG 1998

Satz: Gesetzt aus 11 Punkt Legcay Sans in QuarkXPress von DTP-Design Walter, Gundelfingen
Reproduktion: Repro Ludwig, Zell am See
Druck und Bindung: Appl, Wemding
Gedruckt auf 115 g umweltfreundlich chlorfrei gebleichtes Papier.

ISBN 3-8043-0199-1

Printed inGermany

Die Heilige Nacht
A1

Die Heilige Nacht
A1

Einfache Rosette
A2

Einfache Rosette
A2

Der hochnäsige Vogel
A3

Der hochnäsige Vogel
A3

Alle meine Entchen
A4

Alle meine Entchen

A4

Afrika
A5

Afrika
A5

Seerose
A6

Seerose
A6

Ostern
A7

Ostern
A7

Arabesken-Rosette
A8

Arabesken-Rosette
A8